TRANSLATED

Translated Language Learning

The Monkey's Paw
Мавпяча лапа

W.W. Jacobs
В. В. Джейкобс

English / українська

Copyright © 2023 Tranzlaty
All rights reserved.
Published by Tranzlaty
ISBN: 978-1-83566-267-0
Original text by W.W. Jacobs
The Monkey's Paw
First published in English in 1902
www.tranzlaty.com

Part One
Частина перша

outside the night was cold and wet
Надворі було холодно і мокро
but all was well in the small parlour of Laburnam Villa
але все було добре в маленькій вітальні вілли Лабурнам
the fire burned brightly and the blinds were drawn
Вогонь яскраво горів, і жалюзі були намальовані
the white-haired old lady was knitting by the fire
Біловолоса старенька в'язала біля вогнища
and father and son were busy playing chess
А батько з сином були зайняті грою в шахи
the father liked to play the game dangerously
Батько любив грати в цю гру небезпечно
he often put his king into unnecessary perils
Він часто наражав свого короля на невиправдану небезпеку
and this time he had left the king too exposed
І цього разу він залишив короля надто незахищеним
he had seen the mistake he made
Він побачив помилку, яку зробив
but it was too late to change it
Але змінювати його було вже пізно
"Hark at the wind!" said Mr. White, amiably
— Гаркніть на вітер, — привітно сказав містер Уайт
he tried to distract his son from seeing the mistake
Він намагався відволікти сина, щоб він не побачив помилку
"I'm listening," said the son
— Я слухаю, — сказав син
although he was grimly surveying the board
Хоча він похмуро оглядав дошку
he put the king into check
Він поставив царя під контроль
"I can't imagine he'll come tonight," said his father

"Я не можу уявити, що він прийде сьогодні ввечері",— сказав його батько
and he went to put his hand to the board
І він підійшов, щоб прикласти руку свою до дошки
"and check mate," added the son
— І шах мат, — додав син
Mr. White was quite overcome with anger for a moment
Містер Уайт на якусь мить був охоплений гнівом
"That's the problem with living so far out!"
— Ось у чому проблема з тим, щоб жити так далеко!
"it's such a beastly place to live in"
«Це таке звіряче місце для життя»
"and it's too far out of the way of things"
«І це занадто далеко від шляху»
"The pathway to the house is a bog"
«Стежка до хати – болото»
"and the road's probably a torrent by now"
"А дорога, мабуть, уже потік"
"I don't know what the people were thinking!"
— Я не знаю, про що думали люди!
"perhaps because only two houses in the road are let"
«Можливо, тому, що здають в оренду лише два будинки на дорозі»
"they must think that it doesn't matter"
«Вони повинні думати, що це не має значення»
"Never mind, dear," said his wife, soothingly
— Нічого, дорогенька, — заспокійливо сказала дружина
"perhaps you'll win the next game"
"Можливо, ти виграєш наступну партію"
mother and son shared a knowing glance
Мати і син перезирнулися зі знанням справи
Mr. White looked up just in time to notice
Містер Уайт підвів очі якраз вчасно, щоб помітити
The words died away on his lips
Слова стихли на його вустах
he hid a guilty grin in his thin grey beard
Він сховав винувату посмішку у своїй тонкій сивій бороді

there was a loud bang at the gate
Пролунав гучний стукіт у ворота
"There he is," said Herbert White
— Ось він, — сказав Герберт Уайт
and heavy footsteps came towards the door
І до дверей почулися важкі кроки
The old man rose with hospitable haste
Старий підвівся з гостинним поспіхом
he opened the door for his friend
Він відчинив двері своєму другові
and he was heard condoling with the new arrival
І було чути, як він співчуває новоприбулому
eventually Mrs. White called the men in
Врешті-решт місіс Уайт покликала чоловіків
she coughed gently as her husband entered the room
Вона тихенько кашлянула, коли до кімнати увійшов її чоловік
he was followed by a tall, burly man
За ним ішов високий, кремезний чоловік
he was beady of eye, and rubicund of visage
Він був намистинкою з очей і рубікунд з обличчям
"Sergeant-Major Morris," he said, introducing his friend
— Сержант-майор Морріс, — сказав він, представляючи свого друга
The sergeant-major shook hands
Старшина потиснув руку
and he took the proffered seat by the fire
І він зайняв запропоноване місце біля вогню
his host got out the whiskey and tumblers
Його господар дістав віскі та стакани
and he put a small copper kettle on the fire
І поставив на вогонь маленький мідний чайник

After his third whiskey his eyes got brighter
Після третього віскі його очі засяяли
and gradually he began to talk more freely
І поступово він став говорити вільніше

- 3 -

the little family circled their visitor
Маленька сім'я кружляла навколо свого гостя
he squared his broad shoulders in the chair
Він розправив свої широкі плечі в кріслі
and he spoke of wild scenes and doughty deeds
І він говорив про дикі сцени та дурні вчинки
he spoke of wars and plagues and strange peoples
Він говорив про війни, пошесті та дивні народи
"Twenty-one years of it," said Mr. White
— Двадцять один рік, — сказав містер Уайт
and he nodded to his wife and son
І він кивнув дружині та синові
"he was just working in the warehouse then"
«Він тоді якраз працював на складі»
"When he went away he was just a youth"
«Коли він пішов, він був ще юнаком»
"Now look at him, after all these years"
«А тепер подивіться на нього, після стількох років»
although Mrs. White politely flattered him;
хоча місіс Уайт чемно лестила йому;
"He doesn't look like he has been too damaged"
«Він не виглядає надто пошкодженим»
"I'd like to go to India myself," said the old man
— Я сам хотів би поїхати до Індії, — сказав старий
"just to look around a bit, you know"
"Просто озирнутися трохи, розумієте"
but the sergeant-major advised against it
Але старшина порадив цього не робити
"you're better off where you are"
"Тобі краще там, де ти є"
he shook his head at the memory
Він похитав головою при згадці
He put down the empty glass of whiskey
Він поставив порожню склянку з-під віскі
sighing softly, he shook his head again
Тихо зітхнувши, він знову похитав головою
but the old man continued to dream of it

Але старий продовжував мріяти про це
"I would like to see those old temples"
"Я хотів би побачити ті старі храми"
"and I'd like to see the fakirs and jugglers"
"А я хотів би побачити факірів і жонглерів"
"What is it you were telling me the other day?"
— Що це ти мені днями казав?
"wasn't it something about a monkey's paw, Morris?"
— Хіба це не було щось про мавпячу лапу, Моррісе?
"Nothing," said the soldier, hastily
— Нічого, — квапливо промовив солдат
"it's nothing worth hearing about"
"Про це нічого не варто чути"
"a monkey's paw?" said Mrs. White, curiously
— Мавпяча лапа, — з цікавістю сказала місіс Уайт
the sergeant-major knew he had to explain a little
Старшина знав, що треба трохи пояснити
"Well, it's just a bit of what you might call magic"
«Ну, це просто трохи того, що можна назвати магією»
His three listeners leaned forward eagerly
Троє його слухачів нетерпляче нахилилися вперед
The visitor put his empty glass to his lips
Відвідувач підніс до губ свою порожню склянку
for a moment he had forgot where he was
На якусь мить він забув, де він
and then he put the glass down again
А потім знову поставив склянку
His host kindly refilled the glass for him
Господар люб'язно наповнив йому склянку
he fumbled in his pocket for something
Він щось нишпорив у кишені
"To look at, it's just an ordinary little paw"
«На вигляд це звичайна маленька лапка»
"it has all but dried to a mummy"
«Він майже висох до мумії»
and he took something out of his pocket
І він вийняв щось з кишені

he offered it to anyone who wanted it
Він запропонував її кожному, хто цього хотів
Mrs. White drew back with a grimace
Місіс Уайт відсахнулася з гримасою
but her son didn't hesitate at the opportunity
Але її син не вагався з нагоди
and he took the monkey paw from the guest
І він забрав у гостя мавпячу лапу
he examined it with great curiosity
Він оглянув її з великою цікавістю
soon it was his dad's turn to hold the monkey paw
Незабаром настала черга тата тримати мавпячу лапу
having examined it, he placed it upon the table
Оглянувши її, він поклав її на стіл
"And what is so special about it?" he asked
«А що в ньому такого особливого?» — запитав він
"It had a spell put on it," said the sergeant-major
— На нього було накладено закляття, — сказав старшина
"he was an old fakir; a very holy man"
"Він був старий факір; Дуже свята людина»
"and he wanted to teach people a lesson"
«І він хотів провчити людей»
"He wanted to show that fate ruled our lives"
«Він хотів показати, що доля керує нашим життям»
"don't interfere with fate," he warned
"Не втручайтеся в долю", - попередив він
"so he put a spell on the paw"
«І він наклав закляття на лапу»
"three men could have the monkey paw"
«Мавпяча лапа може бути у трьох чоловіків»
"they could each have three wishes from it"
«У кожного з них може бути по три бажання»
his audience found the story quite funny
Його аудиторія визнала цю історію досить кумедною
but their laughter quickly felt inappropriate
Але їхній сміх швидко став недоречним
the story teller certainly wasn't laughing

Оповідач, звичайно, не сміявся
Herbert tried to lighten the mood in the room
Герберт намагався підняти настрій у кімнаті
"Well, why don't you have three wishes, sir?"
— Ну, чому у вас немає трьох бажань,?
those with experience have a quiet about them
Ті, хто має досвід, мовчать про них
the soldier calmly regarded the youth
Солдат спокійно дивився на юнака
"I've had my wishes," he said, quietly
— У мене є свої бажання, — тихо сказав він
and his blotchy face turned a grave white
І плямисте обличчя його стало могильно білим
"And did you really have the three wishes granted?"
— І невже ви виконали три бажання?
"I had my wishes granted," confirmed the sergeant-major
— Мої бажання були виконані, — підтвердив старшина
"And has anybody else wished?" asked the old lady
«А чи бажав ще хтось?» — запитала старенька
"The first man had his three wishes," was the reply
«Перший чоловік мав три бажання», — була відповідь
"I don't know what the first two wishes were"
«Я не знаю, якими були перші два бажання»
"but the third wish was for death"
«Але третє бажання було на смерть»
"That's how I got the monkey's paw"
«Так у мене з'явилася мавпяча лапа»
His tones had gotten very grave
Його тон став дуже серйозним
a dark hush fell upon the group
На гурт запала темна тиша
"you've had your three wishes," pondered Mr. White
— У вас було три бажання, — замислився містер Уайт
"it's no good to you now, then, Morris"
— Отже, тепер тобі не до вподоби, Моррісе.
"What do you keep it for?"
— Для чого ти його тримаєш?

The soldier shook his head
Солдат похитав головою
"it's a reminder, I suppose," he said, slowly
— Гадаю, це нагадування, — повільно промовив він
"I did have some idea of selling it"
«У мене була якась ідея його продати»
"but I don't think I will sell it"
"Але я не думаю, що продам його"
"It has caused enough mischief already"
«Це вже наробило достатньо лиха»
"Besides, people won't buy it"
«До того ж люди не куплять»
"They think it's a fairy tale"
«Вони думають, що це казка»
"some are a little more curious than others"
«Деякі з них трохи цікавіші за інших»
"but they want to try it first before paying me"
«Але вони хочуть спочатку спробувати, перш ніж платити мені»
the old man asked him with genuine curiosity
— спитав його старий з непідробною цікавістю
"would you want to have another three wishes?"
— Хочеш мати ще три бажання?
"I don't know..." said the soldier, "I don't know"
— Я не знаю... Солдат сказав: "Я не знаю"

He took the paw from the table
Він узяв лапу зі столу
and he dangled it between his forefinger and thumb
І він бовтав її між вказівним і великим пальцями
suddenly he threw it into the fire
Раптом він кинув її у вогонь
the family cried out in surprise and shock
Сім'я вигукнула від подиву і шоку
but most of all they cried out with regret
Але найбільше вони кричали від жалю
Mr White stooped down and snatched it out the fire

Містер Уайт нахилився і вихопив його з вогню
"Better let it burn," said the soldier
— Краще хай горить, — сказав солдат
"If you don't want it, Morris, give it to me"
«Якщо ти не хочеш цього, Моррісе, віддай його мені»
"I won't give it to you," said his friend, doggedly
— Я тобі його не віддам, — завзято сказав його друг
"I meant to throw it on the fire"
«Я хотів кинути його у вогонь»
"If you keep it, don't blame me for what happens"
«Якщо ти збережеш це, не звинувачуй мене в тому, що сталося»
"Pitch it on the fire again like a sensible man"
«Киньте його на вогонь, як розумна людина»
but the old man shook his head
Але старий похитав головою
instead, he examined his new possession closely
Натомість він уважно оглянув своє нове володіння
"How do you do it?" he inquired
«Як ви це робите?» — запитав він
"you have to hold it up in your right hand"
«Треба тримати його в правій руці»
"then you have to wish aloud," said the sergeant-major
— Тоді треба вголос побажати, — сказав старшина
"but I warn you of the consequences"
"Але я попереджаю вас про наслідки"
"Sounds like the Arabian Nights," said Mrs. White
— Схоже на арабські ночі, — сказала місіс Уайт
and she rose and began to set the supper
І встала вона, і почала ставити вечерю
"you could wish for four pairs of hands, for me"
«Ти міг би побажати мені чотирьох пар рук»
Her husband held the talisman up
Її чоловік підняв талісман
the sergeant-major caught him by the arm
Старшина схопив його за руку
and he had a look of alarm on his face

І на його обличчі був вираз тривоги
and then all three burst into laughter
І тоді всі троє вибухнули сміхом
but the guest was not as amused as his hosts
Але гість був не такий веселий, як його господарі
"If you must wish, wish for something sensible"
«Якщо хочеш, бажай чогось розумного»
Mr. White dropped the paw into his pocket
Містер Уайт засунув лапу в кишеню
supper had now almost been set up
Вечеря вже майже готова
Mr White placed the chairs around the table
Містер Уайт розставив стільці навколо столу
and he motioned his friend to come and eat
І він попросив свого друга підійти і поїсти
supper became more interesting than the talisman
Вечеря стала цікавішою за талісман
and the talisman was partly forgotten
І талісман був частково забутий
anyway, there were more tales from India
У всякому разі, казок з Індії було більше
and the guest entertained them with other stories
А гість розважав їх іншими історіями

the evening had been very enjoyable
Вечір був дуже приємним
Morris left just in time to catch the last train
Морріс вирушив якраз вчасно, щоб встигнути на останній потяг
Herbert had been most entertained by the stories
Герберта найбільше розважали ці розповіді
"imagine if all the stories he told us are true"
«Уявіть собі, що всі історії, які він нам розповідав, правдиві»
"imagine if the monkey's paw really was enchanted"
«Уявіть, якби лапа мавпи справді була зачарована»
"we shall take it with a pinch of salt"

«Ми візьмемо його з дрібкою солі»
Mrs. White was curious about it too
Місіс Уайт теж зацікавилася цим
"Did you give him anything for it, father?"
— Ви йому за це щось дали, батьку?
and she watched her husband closely
І вона пильно стежила за своїм чоловіком
"A trifle," said he, colouring slightly
— Дрібниця, — сказав він, злегка забарвлюючись
"He didn't want it, but I made him take it"
«Він цього не хотів, але я змусив його це зробити»
"And he pressed me again to throw it away"
І він знову натиснув на мене, щоб я його викинув.
"you must!" said Herbert, with pretended horror
— Ти мусиш, — сказав Герберт з удаваним жахом
"Why, we're going to be rich, and famous and happy"
«Та ми будемо багаті, і знамениті, і щасливі»
"you should make the wish to be an emperor, father"
«Загадай бажання бути імператором, батьку»
and he had to run around the table to finish the joke
І йому довелося бігати по столу, щоб закінчити жарт
"then you won't be pecked by the hens"
«Тоді тебе не будуть клювати кури»
his mum was chasing him with a dishcloths
Мама ганялася за ним з ганчіркою
Mr. White took the paw from his pocket
Містер Уайт вийняв лапу з кишені
he eyed the mummified monkey's paw dubiously
Він сумнівно подивився на лапу муміфікованої мавпи
"I don't know what to wish for"
"Я не знаю, чого бажати"
"and that's a fact," he said, slowly
— І це факт, — повільно промовив він
"It seems to me I've got all I want"
"Мені здається, що я маю все, що хочу"
"but you could pay off the house," suggested Herbert
— Але ж ти можеш відкупитися від будинку, —

запропонував Герберт

"imagine how happy you'd be then!"
— Уяви, як би ти тоді був щасливий!

"you make a good point," his dad laughed
— Ти добре говориш, — засміявся тато

"Well, wish for two hundred pounds, then"
— Ну, тоді побажай двісті фунтів.

"that would be enough for the mortgage"
«Цього вистачило б на іпотеку»

he had to blush at his own credulity
Йому довелося почервоніти від власної довірливості

but he held up the talisman with his right hand
Але він тримав талісман правою рукою

his son showed a solemn face to his father
Син показав батькові урочисте обличчя

but, to the side, he winked to his mother
Але, вбік, він підморгнув матері

and he sat down at the piano
І він сів за фортепіано

and he struck a few serious sounding chords
І він вдарив кілька серйозних акордів

the old man distinctly made his wish
Старий виразно загадав своє бажання

"I wish for two hundred pounds"
"Бажаю двісті фунтів"

A fine crescendo from the piano greeted the words
Тонке крещендо з фортепіано привітало слова

but then a shuddering cry came from the old man
Але тут від старого долинув тремтячий крик

His wife and son ran towards him
Назустріч йому побігли дружина і син

"It moved," he cried, "the hand moved!"
— Ворухнулося, — скрикнув він, — рука ворухнулася!

he looked with disgust at the object on the floor
Він з огидою подивився на предмет на підлозі

"As I made my wish it twisted in my hand"
«Коли я загадав своє бажання, воно скрутилося в мой

руці»
"it moved in my hand like a snake"
«Воно ворушилося в моїй руці, як змія»
"Well, I don't see the money," said his son
— Ну, я не бачу грошей, — сказав син
he picked the paw from the floor
Він вихопив лапу з підлоги
and he placed the withered hand on the table
І він поклав суху руку на стіл
"and I bet I never shall see the money"
"І б'юся об заклад, що ніколи не побачу грошей"
"It must have been your fancy, father," said his wife
— Це, мабуть, твоя фантазія, батьку, — сказала його дружина
"imaginations do have a way of playing tricks"
«Уява вміє жартувати»
but she continued to regard him anxiously
Але вона продовжувала тривожно дивитися на нього
He collected his calm and shook his head
Він зібрався з силами і похитав головою
"Never mind, though, there's no harm done"
«Нічого, але шкоди не заподіяно»
"but it did give me quite a shock"
«Але це мене дуже шокувало»

They sat down by the fire again
Вони знову сіли біля вогнища
the two men smoked the rest of their pipes
Двоє чоловіків викурили решту своїх люльок
outside, the wind was stronger than ever
Надворі вітер був сильніший, ніж будь-коли
the old man was on edge all night
Старий всю ніч був на межі
a door upstairs shut itself with a bang
Двері нагорі з тріском зачинилися
and he almost jumped out of his skin
І він мало не вискочив зі шкіри

an unusual and depressing silence settled upon the room
У кімнаті запанувала незвичайна і гнітюча тиша
eventually Herbert retired for the night
Врешті-решт Герберт усамітнився на ніч
but he couldn't help teasing them a little more
Але він не міг не дражнити їх ще трохи
"I expect you'll find the cash tied up"
«Я сподіваюся, що ви знайдете гроші зв'язаними»
"it'll all be in the middle of your bed"
«Це все буде посеред твого ліжка»
"but there'll be something horrible in your room"
«Але у вашій кімнаті буде щось жахливе»
"it will be squatting on top of the wardrobe"
«Це буде навпочіпки поверх шафи»
"and it'll watch you as you pocket your ill-gotten gains"
«І він буде спостерігати за вами, коли ви привласнюєте собі свої нечесно отримані прибутки»
"good night mother, good night father"
"На добраніч, мамо, на добраніч, тату"
Mrs. White soon went to bed too
Незабаром місіс Уайт теж лягла спати
The old man sat alone in the darkness
Старий сидів самотньо в темряві
he spend some time gazing at the dying fire
Він провів деякий час, дивлячись на згасаючий вогонь
in the fire he could see horrible faces
У вогні він бачив жахливі обличчя
they had something strangely ape-like to them
У них було щось дивно мавпоподібне
and he couldn't help gazing in amazement
І він не міг стриматися, щоб не дивитися в подиві
but it all got a little too vivid
Але все це стало занадто яскравим
with an uneasy laugh he reached for the glass
З тривожним сміхом він потягнувся до склянки
he was going to throw some water on the fire
Він збирався підлити води у вогонь

but his hand happened upon the monkey's paw
Але його рука потрапила на лапу мавпи
a little shiver ran down his spine
Легке тремтіння пробігло по його хребту
he wiped his hand on his coat
Він витер руку об пальто
and finally he also went up to bed
І, нарешті, він теж ліг спати

Part Two
Частина друга

In the brightness of the wintry sun the next morning
У сяйві зимового сонця наступного ранку
the sun streamed over the breakfast table
Сонце струменіло над столом для сніданку
He laughed at his fears from the previous night
Він сміявся над своїми страхами минулої ночі
There was an air of prosaic wholesomeness in the room
У кімнаті панувала атмосфера прозаїчної благополуччя
the mood had lacked this optimism on the previous night
Настрої не вистачало цього оптимізму минулої ночі
The dirty, shrivelled little paw was put on the sideboard
Брудну, зморщену маленьку лапку поклали на сервант
The paw was put there somewhat carelessly
Лапу поклали туди якось недбало
as if there was no great belief in its virtues
начебто не було великої віри в його достоїнства
"I suppose all old soldiers are the same," said Mrs. White
— Гадаю, всі старі солдати однакові, — сказала місіс Уайт
"funny to think we were listening to such nonsense!"
— Смішно думати, що ми слухаємо таку нісенітницю!
"How could wishes be granted in these days?"
«Як можна виконувати бажання в ці дні?»
"And how could two hundred pounds hurt you, father?"
— А як двісті фунтів могли зашкодити тобі, батьку?
Herbert had a joke for this too
Герберт теж пожартував з цього приводу
"it might drop on his head from the sky"
«Він може впасти йому на голову з неба»
but his father still didn't find it all funny
Але батькові все одно все це не вважалося смішним
"Morris said the things happened very naturally"
"Морріс сказав, що все сталося дуже природно"
"you might, if you so wished, attribute it to coincidence"

«Ви могли б, якби захотіли, списати це на збіг обставин»
Herbert rose from the table, but made one last joke
Герберт підвівся з-за столу, але востаннє пожартував
"Well, don't start spending the money before I come back"
«Ну, не починай витрачати гроші, поки я не повернуся»
"I'm afraid it'll turn you into a mean, avaricious man"
«Боюся, це перетворить тебе на підлого, жадібного чоловіка»
"and then we shall have to disown you"
"І тоді нам доведеться відректися від вас"
His mother laughed and followed him to the door
Мати засміялася і пішла за ним до дверей
She watched him down the road
Вона спостерігала за ним по дорозі
then she returned back to the breakfast table
Потім вона повернулася до столу для сніданку
she was very happy at the expense of her husband's credulity
Вона була дуже щаслива за рахунок довірливості чоловіка
but she did hurry to the door when the postman knocked
Але вона поспішила до дверей, коли постукав листоноша
the postman had brought her a bill from the tailor
Листоноша приніс їй рахунок від кравця
and she did comment about the monkey's paw again
І вона знову прокоментувала лапу мавпи

the rest of the day was quite uneventful
Решта дня пройшла без подій
Mr. and Mrs. White were getting ready to have dinner
Містер і місіс Уайт готувалися до вечері
They were expecting Herbert back any minute now
Вони чекали на повернення Герберта в будь-яку хвилину
Mrs White got to talking about her son
Місіс Уайт заговорила про свого сина
"He'll have some more of his funny remarks"
"У нього буде ще кілька смішних зауважень"
"I'm sure he will," said Mr. White

— Я певен, що так, — сказав містер Уайт
and he poured himself out some beer
І він налив собі пива
"but, joking aside, the thing moved in my hand"
"Але, жарти жартами, річ ворушилася в моїй руці"
""you thought," said the old lady, soothingly
— Ти думала, — заспокійливо сказала старенька
"I say it DID move," replied the other
— Я кажу, що він ТАКИ зрушив з місця, — відповів інший
"There was no 'thought' about it"
"Ніякої "думки" про це не було"
"I was about to... What's the matter?"
"Я збирався... У чому ж справа?
His wife made no reply
Його дружина нічого не відповіла
She was watching the mysterious movements of a man outside
Вона спостерігала за таємничими рухами чоловіка на вулиці
He appeared to be trying to make up his mind to enter
Схоже, він намагався зважитися увійти
she made a mental connection with the two hundred pounds
Вона встановила ментальний зв'язок з двомастами фунтами
and she noticed that the stranger was well dressed
І вона помітила, що незнайомець був добре одягнений
He wore a silk hat of glossy newness
На ньому був шовковий капелюх лискучої новизни
Three times he paused at the gate
Тричі він зупинявся біля воріт
Then he walked away again
Потім він знову пішов
The fourth time he stood with his hand on the gate
Четвертий раз він стояв, поклавши руку на хвіртку
resolutely, he flung the gate open
Він рішуче відчинив хвіртку

and he walked up the path towards the house
І він пішов стежкою до хати
She hurriedly unfastened the strings of her apron
Вона квапливо розстебнула шнурки фартуха
and put that apron beneath the cushion of her chair
і покладіть цей фартух під подушку її стільця
then she went to the door to let the stranger in
Потім вона підійшла до дверей, щоб впустити незнайомця
He entered slowly, and gazed at her furtively
Він увійшов повільно і крадькома подивився на неї
the old lady apologized for the appearance of the room
Старенька вибачилася за зовнішній вигляд кімнати
but he listened in a preoccupied fashion
Але він слухав заклопотано
She also apologized for her husband's coat
Також вона попросила вибачення за пальто чоловіка
a garment which he usually reserved for the garden
одяг, який він зазвичай залишав для саду
She waited patiently for him to say why he had come
Вона терпляче чекала, поки він скаже, чому він прийшов
but he was at first strangely silent
Але спочатку він дивно мовчав
"I was asked to come to you," he said, at last
— Мене попросили прийти до вас, — сказав він нарешті
He stooped to pick a piece of cotton from his trousers
Він нахилився, щоб вибрати шматок бавовни зі штанів
"I come from Maw and Meggins"
«Я родом з Моу і Меггінса»
The old lady was startled by what he had said
Старенька була здивована тим, що він сказав
"Is anything the matter?" she asked, breathlessly
«У чому справа?» — запитала вона, затамувавши подих
"Has anything happened to Herbert?
"З Гербертом щось трапилося?
"What is it? What happened to him?"
"Що це таке? Що з ним сталося?
"wait a little, mother," said her husband, hastily

— Почекай трохи, мамо, — квапливо сказав чоловік
"Sit down, and don't jump to conclusions"
«Сідайте і не робіть поспішних висновків»
"You've not brought bad news, I'm sure, Sir"
— Ви не принесли поганих новин, я певен,
and he eyed the stranger wistfully
І він задумливо глянув на незнайомця
"I'm sorry..." began the visitor
— Вибачте... — почав відвідувач
"Is he hurt?" demanded the mother, wildly
«Йому боляче?» — дико запитала мати
The visitor bowed in assent
Гість вклонився на знак згоди
"Badly hurt," he said, quietly
— Дуже боляче, — тихо сказав він
"but he is not in any pain"
«Але йому не боляче»
"Oh, thank God!" said the old woman
«Ой, слава Богу!» — сказала стара
and she clasped her hands to pray
І вона сплеснула руками, щоб помолитися
"Thank God for that! Thank..."
"Слава Богу за це! Спасибі..."
She broke off her sentence suddenly
Вона раптово обірвала речення
the sinister meaning of the assurance dawned upon her
Зловісне значення цього запевнення осяяло її
she looked into the strangers averted face
Вона подивилася в відвернуте обличчя незнайомців
and she saw the awful confirmation of her fears
І вона побачила жахливе підтвердження своїх побоювань
she caught her breath for a moment
Вона на мить перевела подих
and she turned to her slower-witted husband
І вона звернулася до свого повільнішого чоловіка
She laid her trembling old hand upon his hand
Вона поклала йому на руку свою тремтячу стару руку

There was a long silence in the room
У кімнаті запала довга тиша
finally the visitor broke the silence, in a low voice
Нарешті відвідувач тихим голосом порушив мовчанку
"He was caught in the machinery"
«Він потрапив у машину»
"Caught in the machinery," repeated Mr. White
— Потрапив у машину, — повторив містер Уайт
he muttered the words in a dazed fashion
Він ошелешено пробурмотів ці слова
He sat staring blankly out at the window
Він сидів і тупо дивився у вікно
he took his wife's hand between his own
Він узяв руку дружини між своїми
he turned gently towards the visitor
Він обережно обернувся до відвідувача
"He was the only one left to us"
«Він був єдиним, хто залишився нам»
"It is hard," The other replied
— Важко, — відповів другий
Rising, he walked slowly to the window
Піднявшись, він повільно підійшов до вікна
"The firm wished me to convey their sincere sympathy"
«Фірма хотіла, щоб я висловив їхню щиру симпатію»
"we recognize that you have suffered a great loss"
«Ми усвідомлюємо, що ви зазнали великої втрати»
but he was unable to look them in the eyes
Але він не міг дивитися їм в очі
"I beg that you will understand I am only their messenger"
«Благаю, щоб ви зрозуміли, що я лише їхній посланець»
"I am merely obeying the orders they gave me"
«Я просто виконую накази, які вони мені дали»
There was no reply from the old couple
Відповіді від старого подружжя не було
The old woman's face was white
Обличчя старої було біле
Her eyes were staring

Її очі витріщалися
Her breath was inaudible
Її дихання було нечутно
her husband was looking into some middle distance
Її чоловік дивився в якусь середню далечінь
"Maw and Meggins disclaim all responsibility"
«Мо і Меггінс знімають з себе будь-яку відповідальність»
"They admit no liability at all"
«Вони не визнають жодної відповідальності»
"but they are considerate of your son's services"
«Але вони зважають на послуги твого сина»
"they wish to present you with some compensation"
«Вони хочуть подарувати вам якусь компенсацію»
Mr. White dropped his wife's hand
Містер Уайт опустив руку дружини
he rose to his feet for what he was about to ask
Він підвівся на ноги за те, що збирався запитати
and he gazed with a look of horror at his visitor
І він з жахом глянув на свого відвідувача
His dry lips shaped the words, "How much?"
Його пересохлі губи сформували слова: «Скільки?»
"Two hundred pounds," was the answer
— Двісті фунтів, — була відповідь
his wife gave out a shriek when she heard the number
Його дружина скрикнула, коли почула номер
the old man only smiled faintly
Старий лише ледь помітно посміхнувся
He held out his hands like a sightless man
Він простягав руки, як незрячий
and he dropped into a senseless heap on the floor
І він упав у безглузду купу на підлозі

Part Three
Частина третя

In the huge new cemetery
На величезному новому кладовищі
two miles away from the house
за дві милі від будинку
the old people buried their dead son
Старі люди ховали померлого сина
They came back to their house together
Вони разом повернулися до свого дому
they were steeped in shadow and silence
Вони були занурені в тінь і тишу
It was all over so quickly
Все так швидко закінчилося
they could hardly take in what had happened
Вони ледве могли змиритися з тим, що сталося
They remained in a state of expectation
Вони залишалися в стані очікування
as though of something else was going to happen
Наче мало статися щось інше
something else, which was to lighten this load
щось інше, що мало полегшити цей тягар
the load too heavy for old hearts to bear
Тягар занадто важкий, щоб старі серця могли його витримати
But the days passed without any relief
Але дні минали без будь-якого полегшення
and expectation gave place to resignation
І очікування поступилося місцем відставці
The hopeless resignation of the old
Безнадійна відставка старих
sometimes it is miscalled apathy
Іноді його помилково називають апатією
in this time they hardly exchanged a word
За цей час вони майже не обмінялися жодним словом

Now they had nothing to talk about
Тепер їм не було про що говорити
their days were long, from the weariness
Їхні дні були довгими від утоми

It was about a week after the funeral
Це було десь через тиждень після похорону
the old man woke suddenly in the night
Старий раптово прокинувся вночі
He stretched out his hand
Він простягнув руку
he found he was alone in bed
Він виявив, що залишився один у ліжку
The room was in darkness
У кімнаті стояла темрява
The sound of subdued weeping came from the window
З вікна долинув звук приглушеного плачу
He raised himself in bed and listened
Він підвівся в ліжку і прислухався
"Come back," he said, tenderly
— Повертайся, — лагідно сказав він
"You will be cold," he warned her
— Тобі буде холодно, — попередив він її
"It is colder for my son," said the old woman
— Моєму синові холодніше, — сказала стара
and she wept even more than before
І вона плакала ще більше, ніж раніше
The sound of her sobs died away on his ears
Звук її ридань затихав у його вухах
The bed was warm and comfortable
Ліжко було теплим і зручним
His eyes were heavy with sleep
Очі його були важкі від сну
he slept until a sudden cry from his wife awoke him
Він спав, поки його не розбудив раптовий крик дружини
"The paw!" she cried wildly, "The monkey's paw!"
— Лапа, — дико вигукнула вона, — мавпяча лапа!

He got out of bed in alarm
Він стривожено встав з ліжка
"Where? Where is it?" he demanded
— Куди? Де вона?» — запитав він
"What's the matter with the monkey's paw?"
— Що сталося з мавпячою лапою?
She came stumbling across the room toward him
Вона підійшла до нього через кімнату
"I want the monkey's paw," she said, quietly
— Я хочу мавпячу лапу, — тихо сказала вона
"You've not destroyed it, have you?"
— Ви ж не зруйнували його?
"It's in the parlour" he replied, marvelling
— Це у вітальні, — відповів він, дивуючись
"Why do you want the monkey's paw?"
— Навіщо тобі мавпяча лапа?
She cried and laughed at the same time
Вона плакала і сміялася одночасно
Bending over, she kissed his cheek
Нахилившись, вона поцілувала його в щоку
"I only just thought of it," she said, hysterically.
— Я тільки що подумала про це, — істерично сказала вона.
"Why didn't I think of it before?"
— Чому я не додумався до цього раніше?
"Why didn't you think of it?"
— Чому ти не додумався?
"what didn't we think of?" he questioned
«Про що ми не думали?» — запитав він
"The other two wishes," she replied, rapidly
— Інші два бажання, — швидко відповіла вона
"We've only had one of our wishes"
«У нас було лише одне бажання»
"Was that not enough?" he demanded, fiercely
«Хіба цього не досить?» — люто запитав він
"No," she cried, triumphantly
— Ні, — переможно вигукнула вона
"we will make one more wish"

«Загадаємо ще одне бажання»
"Go down and get it quickly"
«Спускайся вниз і швидко отримуй»
"and wish our boy alive again"
«І побажати нашому хлопчику знову жити»
The man sat up in bed
Чоловік сів у ліжку
He flung the bedclothes from his quaking limbs
Він скинув постільну білизну зі своїх тремтячих кінцівок
"Good God, you are mad!" he cried, aghast
«Боже мій, ти збожеволів!» — вигукнув він здивовано
"Get the monkey's paw," she panted
— Візьми мавпячу лапу, — задихалася вона
"and make the wish. Oh, my boy, my boy!"
"І загадай бажання. Ой, хлопчику мій, хлопчику мій!"
Her husband struck a match and lit the candle
Її чоловік вдарив сірником і запалив свічку
"Get back to bed," he said, unsteadily
— Лягай спати, — невпевнено сказав він
"You don't know what you are saying"
«Ти не знаєш, що говориш»
"We had the first wish granted," said the old woman, feverishly
— Перше бажання ми виконали, — гарячково сказала стара
"Why can we not get a second wish granted?"
«Чому ми не можемо виконати друге бажання?»
"A coincidence," stammered the old man
— Збіг обставин, — заїкнувся старий
"Go and get it and wish," cried his wife
— Іди, візьми і забажай, — закричала його дружина
she was quivering with excitement
Вона тремтіла від хвилювання
The old man turned and regarded her
Старий обернувся і подивився на неї
His voice shook, "He has been dead ten days"
Його голос здригнувся: "Він уже десять днів мертвий"

"and besides... I would not tell you..."
— А крім того... Я б вам не сказав...
"but, I could only recognize him by his clothing"
"Але я міг впізнати його лише за одягом"
"he was too terrible for you to see"
«Він був надто жахливий, щоб ви могли його побачити»
"how could he be brought back from that?"
— Як його можна було повернути звідти?
"Bring him back," cried the old woman
— Поверніть його, — закричала стара
She dragged him toward the door
Вона потягла його до дверей
"Do you think I fear the child I nursed?"
— Як ти думаєш, я боюся дитини, яку годувала?
He went down in the darkness
Він спустився в темряві
he felt his way to the kitchen
Він намацав дорогу на кухню
Then he went to the mantelpiece
Потім він підійшов до камінної полиці
The talisman was in its place
Талісман опинився на своєму місці
he was overcome by a horrible fear
Його охопив страшний страх
the fear that his wish would work
страх, що його бажання спрацює
his wish would bring his mutilated son back
Його бажання повернути понівечений син
he had lost the direction of the door
Він загубив напрямок дверей
but he caught his breath again
Але він знову перевів подих
His brow was cold with sweat
Чоло його було холодне від поту
Even his wife's face seemed changed
Навіть обличчя його дружини, здавалося, змінилося
her face was white and expectant

Обличчя її було біле і вичікувальне
it seemed to have an unnatural look upon it
Здавалося, що він має неприродний вигляд
he was afraid of her
Він боявся її
"Wish!" she cried, in a strong voice
«Бажання!» — вигукнула вона сильним голосом
"It is foolish and wicked," he faltered
— Це безглуздо і зло, — похитнувся він
"Wish!" repeated his wife
«Бажання!» — повторила його дружина
He held the paw and raised his hand
Він узяв лапу і підняв руку
"I wish my son alive again"
«Бажаю, щоб мій син знову жив»
The talisman fell to the floor
Талісман впав на підлогу
He regarded it fearfully
Він дивився на це з острахом
Then he sank trembling into a chair
Потім він тремтячим опустився в крісло
The old woman, with burning eyes, walked to the window
Старенька з палаючими очима підійшла до вікна
she raised the blinds and peered out
Вона підняла жалюзі і визирнула
the old woman stood motionless at the window
Стара нерухомо стояла біля вікна
he sat until he was chilled with the cold
Він сидів, поки не змерз від холоду
occasionally he glanced at his wife
Час від часу він поглядав на дружину

The candle-end had burned below the rim
Кінець свічки догорів нижче краю
the flame threw pulsating shadows on the walls
Полум'я кидало на стіни пульсуючі тіні
with a flicker larger than the rest, it went out

з мерехтінням, більшим за інші, він згас
The old man felt an unspeakable sense of relief
Старий відчув невимовне полегшення
the talisman had failed to grand his wish
Талісман не виконав його бажання
so, the old man crept back to his bed
Отже, старий поповз назад до свого ліжка
A minute or two afterwards the old woman joined him
Через хвилину-другу до нього приєдналася стара
she silently and apathetically laid herself beside him
Вона мовчки і апатично лягла біля нього
Neither spoke, but they lay silently
Ніхто з них не говорив, але лежали мовчки
they listened to the ticking of the clock
Вони прислухалися до цокання годинника
they heard the creaking of the stairs
Вони почули скрип сходів
and a squeaky mouse scurried noisily through the wall
А по стіні шумно снула писклява миша
The darkness hanging over them was oppressive
Темрява, що нависла над ними, гнітила
eventually the old man had enough courage again
Врешті-решт старому знову вистачило сміливості
he got up and took the box of matches
Він підвівся і взяв коробку сірників
Striking a match, he went downstairs for a candle
Вдаривши сірником, він спустився вниз за свічкою
At the foot of the stairs the match went out
Біля підніжжя сходів згас сірник
and he paused to strike another match
І він зробив паузу, щоб зіграти ще один матч
At the same moment there was a knock
Тієї ж миті пролунав стукіт
a knock so quiet and stealthy as to be scarcely audible
стукіт такий тихий і крадькома, що його ледве чутно
the knock came from the front door
Стукіт лунав із вхідних дверей

The matches fell from his hand and spilled on the floor
Сірники випали з його рук і розсипалися на підлогу
He stood motionless on the stairs
Він нерухомо стояв на сходах
his breath suspended until the knock was repeated
Його дихання зупинилося, поки стукіт не повторився
Then he turned and fled swiftly back to his room
Потім він розвернувся і швидко втік назад до своєї кімнати
and he closed the door behind him
І він зачинив за собою двері
A third knock sounded through the house
Третій стукіт пролунав по всьому будинку
"What's that?" cried the old woman
«Що це таке?» — скрикнула стара
"A rat," said the old man in shaking tones
— Пацюк, — сказав старий тремтячим тоном
"a rat, it ran past me on the stairs"
«Щур, він пробіг повз мене на сходах»
His wife sat up in bed, listening
Його дружина сиділа в ліжку і слухала
A loud knock resounded through the house
По хаті пролунав гучний стукіт
"It's Herbert!" she screamed, "it's Herbert!"
— Це Герберт, — закричала вона, — це Герберт!
She ran to the door, but her husband was quicker
Вона побігла до дверей, але чоловік був спритнішим
he caught her by the arm and held her tightly
Він схопив її за руку і міцно обійняв
"What are you going to do?" he whispered hoarsely
«Що ти будеш робити?» — хрипко прошепотів він
"It's my boy; it's Herbert!" she cried
— Це мій хлопчик; це Герберт!» — вигукнула вона
she struggled mechanically to break free
Вона механічно намагалася вирватися на волю
"I forgot it was two miles away"
«Я забув, що це за дві милі звідси»
"What are you holding me for?"

— За що ти мене тримаєш?
"Let me go. I must open the door"
— Відпусти мене. Я мушу відчинити двері»
"For God's sake don't let it in," cried the old man, trembling
— Ради Бога, не пускай, — крикнув старий, тремтячи
"You're afraid of your own son," she cried, struggling
— Ти боїшся власного сина, — вигукнула вона, борючись
"Let me go. I'm coming, Herbert, I'm coming"
— Відпусти мене. Я йду, Герберте, я йду"
There was another knock, and another
Пролунав ще один стукіт, і ще один
with a sudden movement the old woman broke free
Різким рухом стара вирвалася на волю
and she ran out of the room
І вона вибігла з кімнати
Her husband followed her to the landing
Чоловік пішов за нею на сходовий майданчик
he called after her appealingly as she hurried downstairs
Він благально гукнув їй услід, коли вона поспішала вниз
He heard the chain of the door rattle back
Він почув, як забряжчав ланцюг дверей
the old woman's voice, strained and panting
голос старої, напружений і задиханий
"The latch of the door" she cried, loudly
— Клямка дверей, — голосно вигукнула вона
"Come down, I can't reach it"
«Спускайся, я не можу до нього дотягнутися»
But her husband was on his hands and knees
Але її чоловік стояв на руках і колінах
he was groping wildly on the floor
Він дико мацав по підлозі
he was frantically searching for the paw
Він гарячково шукав лапу
If he could only find it before the thing outside got in
Якби він зміг знайти його до того, як річ надворі потрапила всередину
A perfect fusillade of knocks reverberated through the

house
У хаті пролунала ідеальна метушня стукотів
He heard the scraping of a chair
Він почув шкрябання стільця
his wife had put the chair against the door
Його дружина поставила стілець навпроти дверей
He heard the creaking of the bolt
Він почув скрип затвора
At the same moment he found the monkey's paw
Тієї ж миті він знайшов лапу мавпи
frantically he breathed his third and last wish
Він несамовито зітхнув своїм третім і останнім бажанням
The knocking ceased suddenly
Стукіт раптово припинився
but the echoes of it were still in the house
Але відлуння його все ще було в будинку
He heard the chair being pulled back
Він почув, як відсунули стілець
and he heard the door being opened
І він почув, як відчинилися двері
A cold wind rushed up the staircase
Холодний вітер кинувся вгору по сходах
and a long loud wail of disappointment followed the wind
І за вітром почувся довгий гучний виття розчарування
it gave him courage to run down to her side
Це додало йому сміливості бігти до неї
Then he ran to the gate of the house
Потім він побіг до воріт будинку
The street lamp flickered on a quiet and deserted road
На тихій і безлюдній дорозі мерехтів вуличний ліхтар

The End
Кінець

www.tranzlaty.com

www.ingramcontent.com/pod-product-compliance
Lightning Source LLC
Chambersburg PA
CBHW011954090526
44591CB00020B/2778